ENTRE LA LUZ Y LA OSCURIDAD

PAULA DÍAZ ALTOZANO

ENTRE LA LUZ Y LA OSCURIDAD

LA VELETA 2025 GRANADA

© PAULA DÍAZ ALTOZANO

© EDITORIAL COMARES
POLÍGONO JUNCARIL - C/ BAZA, PARCELA 208 - 18220 ALBOLOTE (GRANADA)
TELF.: 958 46 53 82 . libreriacomares@comares.com
www.comares.com . facebook.com/comares
twitter.com/comareseditor . instagram.com/editorialcomares

ISBN: 978-84-1369-943-1 . DEPÓSITO LEGAL: GR. 566/2025
IMPRIME: COMARES, S.L.

CON una preciosa y paradójica mezcla de seguridad y timidez, ambas en grado muy grande, la joven profesora Paula Díaz Altozano (Madrid, 1990) anda construyendo y amurallando uno de los pueblos más bonitos de la nueva literatura española. Lo está haciendo de un modo tan discreto como firme y duradero, sin hacer todavía mucho ruido pero con constancia, con la conciencia de que se tiene mucho que decir, un rico mundo interior por explorar y expresar, y con una voz literaria que bebe de muchas fuentes (de muchos mares, en su caso) pero que se refuerza y se reordena a través de una mirada única, sólo suya y ya bien reconocible para quienes venimos siguiéndola con gusto desde sus primeras palabras.

Díaz Altozano es, a día de hoy, responsable de libros de poemas (*A orillas de París*, Sevilla, Ediciones En Huida, 2018; *Ríos de carretera*, Gijón, Bajamar, 2019; *Unicornios*, Buenos Aires, Buenos Aires Poetry, 2020, y *Botánica celeste*, Gerona, Ril, en prensa, a los que hay que unir la plaquette *Mares y monstruos*, Gijón, Heracles y Nosotros, 2021), de aforismos (*Meteórica*, Sevilla, Apeadero de Aforistas, 2021) e incluso de sueños (*Kraken*, Gijón, Bajamar, 2024), pero tal vez vaya a ser la aparición de su primer ensayo (*Ballenas invisibles*, Valencia, Barlin, 2024) la que resulte llamativa y haga que muchos lectores descubran y recorran la bibliografía recién citada, comprendiendo a su vez, de paso, que lo que durante años y con cierto sigilo ha ido haciendo su autora es objetivamente superior a los primeros pasos de la obra de otros escritores coetáneos que, con menos ideas, han disfrutado de mayor visibilidad.

No es que Paula Díaz Altozano no sea ambiciosa: legítimamente lo es, y me parece que mucho, pero es también prudente porque es lista, y toda su cautela literaria es la mejor aliada que podía encontrar su calidad. Son virtudes de las que podemos esperar grandes libros en el futuro, tan buenos o mejores que aquellos que, como digo, aguardan en el pasado a que sus revelaciones sean escuchadas en algún presente (pues «El presente aún no ha llegado», dice uno de sus aforismos…), sobre todo porque aparte de la inteligencia, la prudencia y el talento, ella cuenta con muchas otras armas, tan importantes como la sólida formación (su currículum académico es revelador, por impresionante), el buen juicio y una bondad y una alegría indisimulables, o tan envidiables como los conocimientos musicales (al margen de su licenciatura en Periodismo y de su doctorado con una tesis sobre fotografía, tiene un grado profesional de piano), la curiosidad infinita, la capacidad de trabajo, el bagaje de lecturas, el conocimiento del mundo a través de los viajes, el afán de alcanzar la mejor versión de sí misma apurando sus posibilidades potenciales, o incluso la fe («Creo en Dios porque creo en la ciencia», afirma en este libro de hoy).

El hecho de que Paula se haya fijado en las ballenas en el ensayo citado no es casual. Ya otros títulos suyos como *Mares y monstruos* o *Kraken* revelaban una fijación por las criaturas más espectaculares del mar, ya sean reales o fantásticas («Mi bolígrafo es un arpón», ha llegado a escribir), pero yo lo decía porque pensar en las ballenas nos habla de la búsqueda de la trascendencia, del afán de épica real, de reflexionar sobre esas cosas de este mundo que, por inverosímiles, por casi imposibles, parecen hablarnos de las de otro. Suceden en las grandes exploraciones, o en las empresas faraónicas, o en las mayores competiciones deportivas o, por desgracia, en la guerra…, hechos que podemos y hasta debemos tener en cuenta en nuestro día a día, generalmente prosaico, para elevarlo, para engrandecerlo, para otorgarle un punto sublime (que no, por favor, solemne) que ayuda a que la vida sea buena, más verdadera, y curiosamente más real, más apegada a lo posible. Porque mientras hablamos y trabajamos y leemos las ballenas están ahí, todo lo amenazadas que se quiera pero vivas, respirando, y yo diría que las ballenas no se extinguirán hasta que no se apague del todo el propio planeta. Casi dan ganas de pensar que son ellas, de hecho, quienes con sus traslados y sus saltos mantienen en marcha la rotación del mundo.

Cuánta ignorancia haría falta, por ejemplo, para discutir sobre lo que sea con alguien delante del mar, que en su inmensidad y en su profundidad parece una gran metáfora del silencio, casi un sinónimo del tiempo y, por tanto, a su vez, una gran metáfora de la poesía, la cual es por su parte algo así como la versión verbal de la vida. Díaz Altozano extrae del mar muchísima inspiración, siendo uno de sus grandes temas, pero también de los fenómenos meteorológicos («Hoy en día, lo revolucionario es hablar de la lluvia», decía su primer aforismo publicado en libro) o de las nubes, que ella dirige como si fueran cometas, así como de la música, de los animales, de las ciudades, de la naturaleza, de los puntos cardinales, de las estaciones, del Tiempo, del arte, de la memoria, de los árboles, del lenguaje, de la escritura, de la infancia, de la familia, del prójimo, de los sueños, de la imaginación, de las rutinas, de los pequeños detalles o de la Historia.

No quiero adelantar en esta presentación ninguno de los maravillosos aforismos que forman este segundo libro suyo de sentencias, donde quizás brillan especialmente las metaliterarias, y en el que no se comete el habitual error de recurrir a juegos de palabras, ni al ingenio, ni a naderías u ocurrencias semejantes, y donde apenas se reformulan lugares comunes o se proponen versiones de tópicos o de hallazgos consabidos. «Uno debe escribir siempre como si fuera extranjero», decía en *Meteórica*, donde también hablaba, aún mejor, de alguien que «era un autor tan universal que se volvió anónimo». Perspectiva universal, voluntad última de anonimia y sentimiento radical de extranjería, así como una extraña y expresiva soledad («Necesito a los otros en mi propia independencia»…), son rasgos característicos de la literatura de Paula Díaz Altozano, y muy en especial de estas series de breverías.

Cuánto me gustaría el género de los aforismos, que suelo leer con desconfianza, si fueran todos como éstos, donde el laconismo no está emparentado con la pereza ni la «sentenciosidad» (inevitable en los aforismos) con los dogmas. Hay en ella, decía yo al principio, mucha seguridad literaria y probablemente personal, lo cual la lleva por coherencia a hacerse muchas preguntas metafísicas, a plantear muchas dudas generales, a manifestar una confusión o un despiste cósmicos que en su sonriente caso no son angustiosos sino estimulantes. Creo que Paula Díaz Altozano concibe la vida como un tiempo que se nos ha concedido para crecer y aprender en todos los sentidos, para preguntarnos muchas cosas y estudiarlas sin la pretensión de agotarlas o neutralizarlas, para trabajar y aportar con humildad cosas valiosas y, sobre todo, para pasarlo muy bien. Es un plan, o un programa, al que siempre apetece unirse.

Todas esas intenciones andan comprimidas en este brevísimo libro que presentamos hoy, un suspiro que contiene galaxias enteras, un diminuto golpe de aire que afecta a muchas generaciones. Y, como en ese aforismo del que, parafraseándolo o tal vez sobre-interpretándolo, extraigo el título de este prólogo, un texto en el que Paula parece asimilar el Edén a un cementerio, pero no para oscurecer el primero sino para glorificar el segundo, es crucial advertir que la «filosofía» esencial de la escritora, siempre a la busca del alma del mundo, es positiva, perseverante y feliz. El Paraíso no es un lugar al que dirigirse o que merecer. El Paraíso, aquí y ahora, es exactamente el sitio en el que estamos. Sin ir más lejos, este libro, porque «no hay que obsesionarse por llegar lejos. También se puede llegar cerca».

JUAN MARQUÉS
en Los Molinos, 27 de julio de 2024

Imaginar una lámpara hasta encenderla.

ROBERTO JUARROZ

Vemos por algo que nos ilumina; por algo que no vemos.

ANTONIO PORCHIA

En la noche dichosa,
en secreto, que nadie me veía,
ni yo miraba cosa,
sin otra luz y guía
sino la que en el corazón ardía.

SAN JUAN DE LA CRUZ

ENTRE LA LUZ Y LA OSCURIDAD

I

IDEOGRAMAS

Entre la luz y la oscuridad
hay un filamento de sombra imaginario.

*

La creación de todo un universo
ha sido necesaria para que exista esta flor.

*

La vida es cambio constante,
convertirse en otro sin dejar de ser uno mismo.

*

Cierro los ojos y me convierto en paisaje.

*

Tengo la certeza de que, al otro lado del universo,
hay un planeta en cuyos árboles cantan las cigarras.

*

Un planeta lejano donde toquen a rebato las campanas.

*

Tratar de comprender el universo:
ser capaces de recorrer un laberinto sin centro.

*

Comprender el puzle al deshacerlo.

*

El mar, a la orilla, se hace y deshace.

*

Puedes tratar de poner andamios a la espuma.

*

A la orilla, la espuma se convierte en trazo.

*

Cada día, un nuevo jardín.

*

Encontrar un bosque dentro de un parque.

*   .

Era el Paraíso un pequeño jardín con cardos a la entrada
y una verja que no cerraba bien.

*

Los pájaros escriben el cielo al volar.

*

Un árbol como signo de interrogación.

*

¿Y si la función de las estrellas no fuera más
que iluminar el camino? ¿A quién? ¿A dónde?

*

Bosques que, de noche, se convierten en mares.

*

También de noche hay nubes.

*

Me gustaría saber
si el cielo sigue siendo azul por la noche.

*

En la piel de esta ciruela
he encontrado una nueva constelación.

*

Cambio de acera y otro universo acontece.

*

Momento sublime en que se encienden a la vez
las farolas de una calle.

*

Hubo un tiempo, cuando las farolas eran de aceite,
en que alguien debía encenderlas.
Su trabajo era el de *iluminador*.

*

Luna, lámpara incandescente de la tierra y los mares.

*

Las flores también iluminan los senderos.

*

Encender la luz es también dar una respuesta.

*

Mirar la hora en una brújula, la dirección en un reloj.

*

La similitud de los relojes, los barómetros y las brújulas.

*

Una ciudad cuyos edificios tuvieran
cada uno un reloj que marcase una hora distinta,
dependiendo de para quién.

*

Todo lo creado viene de la sombra.

*

Los animales, las plantas, la dirección
que siguen los ríos, la lluvia tras la ventana,
un rumor de pasos: todo ello es verdad.

*

El espejo se transforma en lo que ve.

II

COSMOS

Los barcos, los violines y los pianos
están hechos del mismo material: madera y cuerdas.

*

La música de Bach es verde; la de Debussy, azul.

*

Los insectos, como los pájaros, cantan.

*

Si dudas de tus capacidades
mira a esa hormiga llevando una espiga.

*

Cualquier lugar de la Tierra es el más alejado
según el sitio del planeta en que te encuentres.

*

Un planeta gaseoso, mucho más grande que la Tierra,
sin nada a lo que aferrarse.

*

Se dice que el universo se creó
hace unos 13.800 millones de años.
¿Qué había unos años antes?

*

He soñado que el tiempo era una piedra.

*

Todas las playas son el fin del mundo;
todos los caminos, su comienzo.

*

Un río también te acompaña
si lo recorres a contracorriente.

*

Buscaré la verdad bajo las piedras de un río.

*

Continuidad de los parques, de Cortázar,
El guardián entre el centeno, de Salinger.
Hay títulos tan bellos que no necesitarían su relato.

*

Aquello que escribo me corrige.

*

Quiero alguien que me narre; quiero narrar a alguien.

*

Escribir un nuevo libro: desertar de la propia escritura.

*

De vez en cuando, expatriarse de uno mismo.

*

Para escribir necesitas la vida, no necesitas nada más.

*

Escribe para la hierba, para ese pájaro que roba una miga
de pan en la mesa, para las personas que esperan.

*

Espéralo todo; no esperes absolutamente nada.

*

A veces hay que desandar para encontrarse.

*

Libertad es también voluntad.

*

La libertad absoluta que siento al pasear.

*

Pasear es otra forma de escribir.

*

Cuando escribo, siento un poder
que me hace vulnerable.

*

En las hojas secas de los árboles, en su tonalidad verde,
anaranjada y marrón, veo mapas antiguos.

*

Entenderás una nación si observas sus árboles.

*

Cuando, de pequeña, quité un trocito de cal de una casa
en mi pueblo, comprendí la fragilidad de los imperios.

*

El jardín se comprende mejor
a partir de sus flores silvestres.

*

Vengo de un pequeño pueblo en los montes de Toledo.
Sé que entre mis antepasados se encuentran un buen
número de judíos y árabes conversos, expatriados,
ladrones y maleantes. Me enorgullezco.

*

De las profecías incumplidas nace mi historia.

*

Estaba escuchando la sonata para piano
Waldstein de Beethoven, cuando una campana
de la iglesia próxima empezó a repicar.

*

El infierno es un bosque
donde los árboles no dan sombra.

III

ENSOÑACIÓN

Contemplar el mar es una forma de rezar.

*

Transformaré esta hoja de papel en un mar embravecido.

*

Un sueño dentro de un sueño; un mar dentro de un mar.

*

El universo nos sueña por las noches.

*

El universo cabe en una ballena.

*

Habría que leer *Moby Dick* con un catalejo.

*

Si algo te preocupa, piensa en el mar.

*

Un libro de aforismos es una caja de cerillas.

*

Los árboles son también mapas.

*

Un mapa diseñado expresamente para perderse.

*

No quiero el qué sino el cómo.

*

Una certeza férrea, inquebrantable, basada en mi duda.

*

La felicidad es lo que puedo hacer aquí y ahora.

*

Confiar hace que el sendero se vuelva luminoso.

*

Sé merecedor del fuego de los dioses;
sé merecedor de la verdad.

*

Lo posible y lo imposible son sinónimos.

*

He tropezado con una sombra.

*

Creo en las noches.

*

Las noches se inspiran en el cine en blanco y negro.

*

El cine se inspira en las vidrieras.

IV

NIEVE

La nieve ilumina las ciudades.

*

Las aguas de un estanque no tienen un solo color,
pues están hechas de reflejos.
Son del color de las cosas que las rodean.

*

La música de Satie está hecha de niebla.

*

Las olas a lo lejos, como colinas nevadas.

*

Estoy a resguardo pero esa lluvia me ha mojado.

*

Sabe distinta el agua de cada río.

*

En toda escritura hay una danza.

*

Una nube perezosa descansa en la montaña.

*

Hoy quiero ser un río.

*

En el bosque todos estamos desnudos.

*

Subir o bajar una montaña es lo mismo.

*

Ofréceme lo que quepa en mis manos.

V

ACORDES

Escribir poesía en una hoja de pentagramas.

*

No esperes que una flor se reconozca en el espejo.

*

El olvido es un borrador.

*

Soy extranjera en mi memoria.

*

Igual que el universo, nuestro pensamiento
se curva y se expande.

*

En los límites de la poesía hay ventanas abiertas.

*

Hoy he sido consciente, más que nunca,
de la capacidad que tengo para crear mi realidad.

*

Quiero un mapa que indique únicamente
los puntos de partida.

*

Una brújula que se encendiese para indicar el camino.

*

Arrepentirse es reconocer que la vida tiene un sentido.

*

He comprendido que el arte más difícil
y el más liberador es el siguiente: el arte de renunciar.

*

Puedo afirmar, sin ninguna duda, que todos los que
estamos aquí somos hijos y herederos de los siglos.

*

Fueron los pájaros los primeros descubridores
de continentes perdidos.

*

Afortunados quienes nombraron por primera vez un río,
una tierra inexplorada, una montaña. Preciosa profesión
la de nombrar nuevos astros, estrellas, nebulosas.

*

Para comprender la totalidad del cosmos es necesario,
al menos, un piano.

*

Al nadar, siento que desafío la gravedad.

*

En mi pueblo, de interior, al viento lo llaman marea.

VI

ILUMINACIONES

Hoy necesito descansar en una tempestad.

*

Un árbol no se cae si lo abandonan.

*

Quienes creen en verdades absolutas tienen, en realidad,
miedo a que otra opción sea posible.

*

Creeré en ti, no en tu verdad.

*

Mi deseo está en tu mirada.

*

Esta culpa es mía y la defenderé.

*

Lo que no fue tiene un propósito.

*

Dejaré el azar en manos de mis decisiones.

*

Creo en Dios porque creo en la ciencia.

*

Parte de mis antepasados vivieron
en la época de Homero.

*

Pensar el universo como si fuera un telar.

*

Los relojes tienden al infinito.

*

Para entender cómo un espacio con límites
puede carecer de bordes y fronteras,
hay que pensar en una nube.

*

Escribir una historia de las nubes.

*

No escribir también es escribir.

*

La poesía es un pez volador.

*

El azul desemboca en el mar.

*

Al sur del universo hay una nueva Atlántida.

*

Incluso los planetas necesitan a los soles
para que los alumbren en su camino.

*

Encontrar la libertad en las raíces.

*

Te he reconocido por la sombra.

*

Si quieres traicionarte a ti mismo,
olvida a quien te ayudó.

*

Entiendo los desastres mundiales,
pero no que alguien abandone a un perro.

*

El pesimismo excesivo es también
una forma de arrogancia.

*

A las afueras del universo…

*

Libros que se encienden al leerlos.

*

¿Quién puede dudar de un río?

*

En el horizonte, todos los barcos parecen estar quietos.

*

Hay trozos de cielo entre las ramas de ese árbol.

*

Metas que se convierten en puntos de partida.

*

Un sueño: viajo en una nave espacial que recorre
todo el universo, durante millones de años luz.
Tras la gran travesía, llega hasta el planeta más lejano.
La nave atraviesa la atmósfera y las nubes, aterriza.
Salgo a un prado donde hay casas con tejas
llenas de líquenes. El sol brilla en las espigas secas.
He llegado a mi pueblo.

ÍNDICE

ESTA PRIMERA EDICIÓN DE

ENTRE LA LUZ Y LA OSCURIDAD,

DE PAULA DÍAZ ALTOZANO,

SE TERMINÓ DE IMPRIMIR EN GRANADA

EL 23 DE ABRIL DE 2025.